¡NO ME CORTEN EL PELO!

por Hans Wilhelm

¡Hola, lector! — Nivel 1

Scholastic Inc.

New York Toronto London Auckland Sydney
Mexico City New Delhi Hong Kong Buenos Aires

No quiero que me corten el pelo.

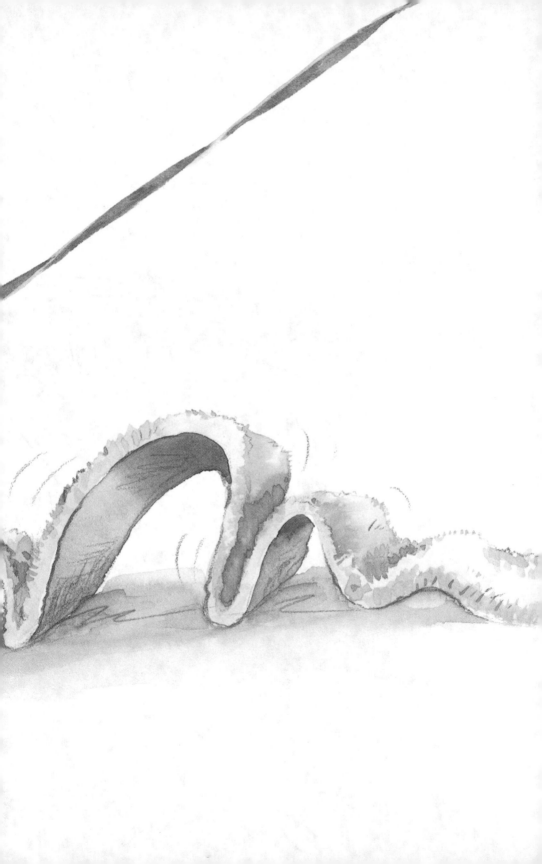

No lo soporto.

¡Qué feo estoy!

Todos se reirán de mí.

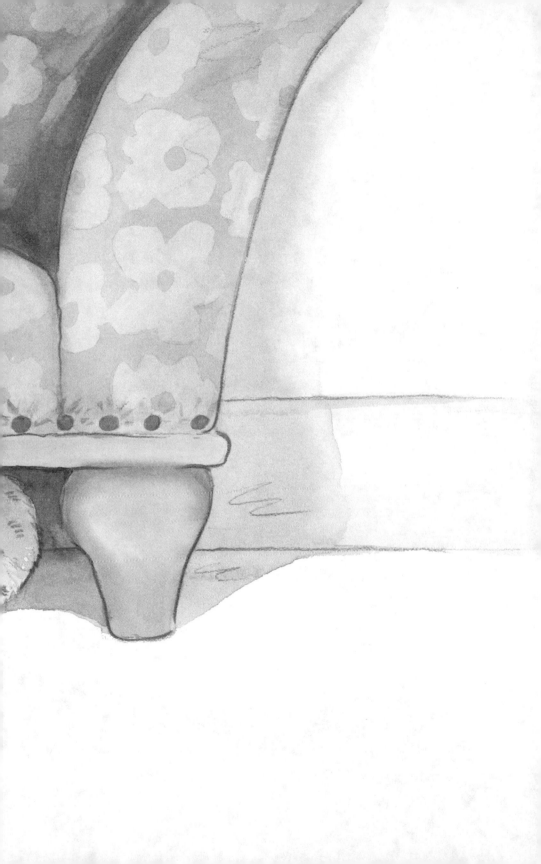

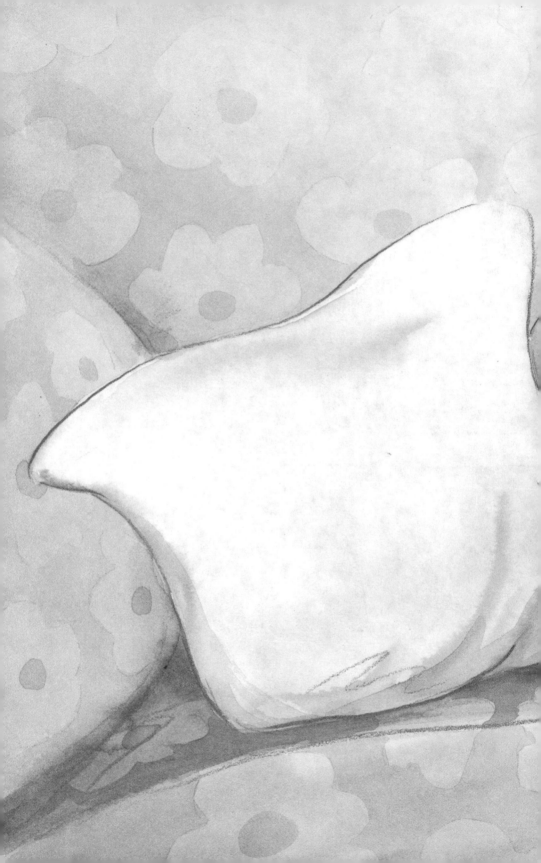

Nunca más volveré a salir.

¡Oh, no!
Mis amigos vienen a jugar.

No quiero que me vean.

¿Y ahora qué hago?

¡Tengo una idea!

Hola, muchachos.
Aquí estoy.

¿Qué les parece
mi nueva imagen de verano?

A mis amigos les gusta.

A ellos también les gustaría
tener el pelo corto.

Me gusta mi corte de pelo.